夢想STEAM職業系列

我是未來科學家

辛妮‧索馬拉博士　著

嘉芙蓮‧科　　協作

納迪婭‧薩雷爾　繪

新雅文化事業有限公司

www.sunya.com.hk

魯賓

蹦蹦

跳跳地

跑下樓梯。

今天是媽媽的生日，他們要一起去海灘呢！

劈啪！

糟糕！魯賓為媽媽親手製作的黏土花瓶摔破了！他必須馬上為媽媽預備另一份禮物，但是要送什麼好呢？

3

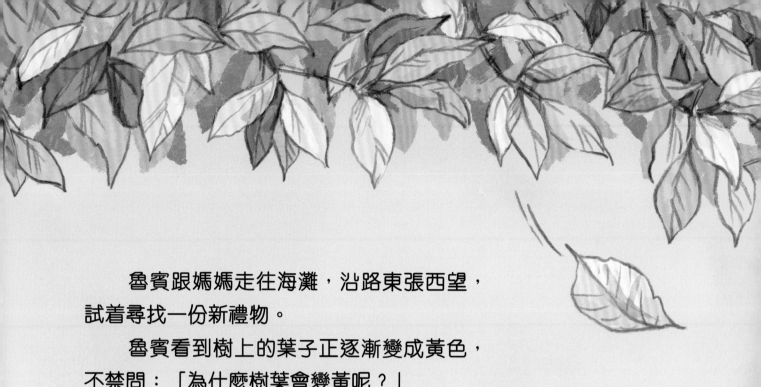

　　魯賓跟媽媽走往海灘，沿路東張西望，
試着尋找一份新禮物。
　　魯賓看到樹上的葉子正逐漸變成黃色，
不禁問：「為什麼樹葉會變黃呢？」

「因為現在是秋天，白天的陽光比較少。而且，當天氣變得更冷時，樹葉還會開始掉落呢。」

「媽媽，你怎會知道這麼多有關樹木的事情呢？」

「那是我的工作呀！我是生物學家，即是研究生物的科學家。」

太陽突然從雲朵後面冒出來了。
「雖然現在已經入秋，但幸好我們有
塗上太陽油！」媽媽說。

「太陽離我們那麼遠，為什麼
我們還是感到灼熱呢？」魯賓問。

「太陽就像一個**巨大**的火球。」媽媽解釋說，「它不單只會發光，還會發熱。太陽的大氣層可以比焗爐熱 40,000 倍啊！」

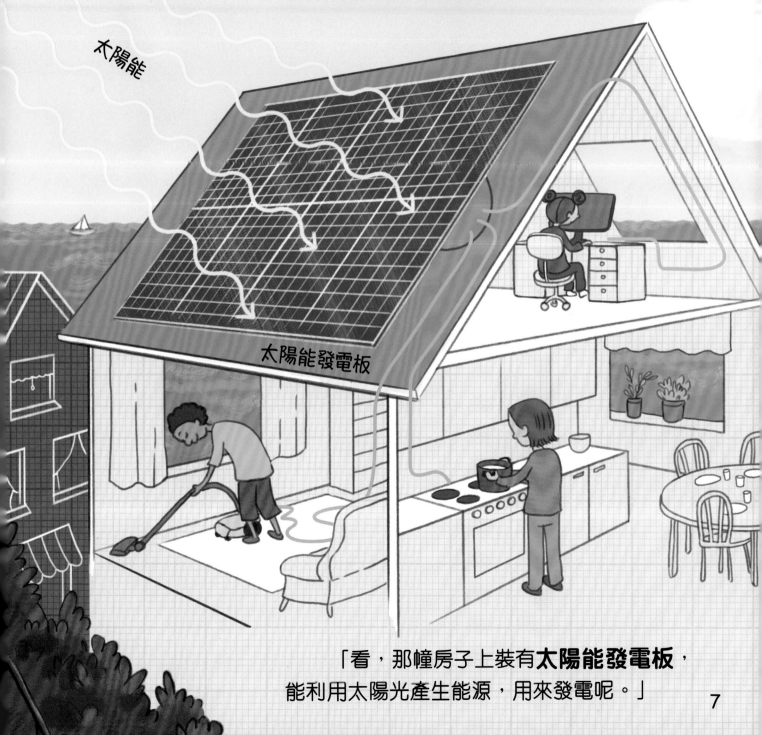

太陽能

太陽能發電板

「看，那幢房子上裝有**太陽能發電板**，能利用太陽光產生能源，用來發電呢。」

7

魯賓發現了一系列的垃圾回收箱，他仔細觀察上面的圖案。

「為什麼會有這麼多不同顏色和圖案的回收箱呢？」

因為每種物料都有不同的循環再造方法。為了有效地回收，我們必須把物料分類整理。例如，玻璃熔化後會再造成新瓶子。

食品罐頭會變成新的金屬製品，例如萬字夾和衣架。

卡紙會成為紙皮箱，而舊紙張會用來製造報紙和廁紙！

我們也有專門收集塑膠的回收箱，不過它們是很難循環再造的。所以我們必須盡量避免使用塑膠，尤其是那些只能使用一次的塑膠產品。

這些垃圾回收箱的氣味相當難聞呢。魯賓在這裏根本**找不到**任何東西可以送給媽媽做禮物！

魯賓和媽媽抄了捷徑，穿過公園。

「這些鴨子真細小啊！」魯賓說。

媽媽點點頭說：「牠們大概只是出生了數天，不過已經懂得游泳了。人類出生後通常要花**一整年**時間才學會走路呢！」

媽媽還告訴魯賓，人類和其他動物在某些地方很相似，但有些方面卻非常不同。

「每種動物的品種都是與別不同的，這全賴一個叫**進化**的過程。這個概念是在 19 世紀由生物學家**達爾文**（Charles Darwin）構思出來的。

「舉例說，有些蝴蝶隨着時日進化，翅膀會展現特定的色彩，好讓捕食者以為牠們有毒而不敢吃。」

他們在一些花朵旁邊停下腳步，它們竟然比魯賓還要高！
「為什麼這些花朵**這麼高大**？它們一定要吃許多食物吧？」

它們不算是吃東西，而是會進行一個名叫**光合作用**的過程。

植物會從水、太陽和稱為二氧化碳的氣體中吸收能量。

太陽能

二氧化碳

植物利用這些東西來製造糖分，糖分就是它們的能量。

水

「我真希望送媽媽一束花朵，祝福她生日快樂。」魯賓心想，「可是我不能採摘公園裏的花朵呀！」

他們到達海灘了，魯賓深深呼吸四周的空氣。
「為什麼這裏的空氣嗅起來鹹鹹的呢？」他問。

「其實，帶有鹹味的鹽就藏在大海裏！」媽媽說，「雨水將岩石裏的鹽沖到河流裏，然後流入大海。接着，當太陽令大海變熱，大海表面的水分**蒸發**，大海便會變得更鹹。」

14

鹽結晶

水分蒸發

魯賓把鞋子脫掉，迫不及待跑向大海、躍過海浪。

噗啦

啦！

媽媽拿出一條毛巾，替魯賓擦乾雙腳。
「為什麼毛巾能抹乾水分，但我的皮膚卻不行？」
魯賓問。

毛巾的物料會吸收液體，而我們的皮膚卻相反——
它含有脂肪，能把水隔絕在身體外面……並讓血液
留在身體裏面！

媽媽指向海灘的小賣店說：
「是時候吃點心了！」

魯賓希望給媽媽買一杯飲品當作生日禮物，可惜他已經花光所有零用錢了。

「在雪糕融化前快把它吃掉吧。」媽媽說。

魯賓連忙舔雪糕，他不禁問：
「為什麼雪糕會融化呢？」

冰結晶　脂肪

糖

雪糕是由液體在非常冷的溫度中凝固而製成的。當它離開冰箱就開始變暖，然後再變回液體了。

「就像冰塊一樣！」魯賓一邊說，一邊指向媽媽的飲品。

「我可以再吃一杯雪糕嗎？」魯賓問，「雪糕實在**太美味**了！」

媽媽開懷大笑說：「之後再吃吧，今天是我的生日啊。不過，雪糕吃太多也不健康呀。」

「為什麼不健康？」魯賓問。

「因為我們必須進食不同種類的食物，這樣身體才能好好運作。」媽媽說。

雪糕含有大量糖分。科學家**瑪麗・戴利**（Marie Daly）曾經研究我們進食的東西如何影響身體。她希望幫助我們了解糖分會對身體帶來什麼影響。

瑪麗發現，少吃糖分有助保持我們的心臟健康。

魯賓開始為媽媽建造一座生日蛋糕沙堡壘。
他決定好了，「這就是給媽媽的生日禮物！」

「你今年多少歲呀，媽媽？」魯賓問，
他不知道要製作多少根蠟燭呢。

「我 44 歲了。也許你覺得這年紀很大，不過有位超級聰明的科學家**辛西婭·肯尼恩**（Cynthia Kenyon）正在研究一種方法，讓所有人類都能生存至 100 歲以上！

我們的身體是由數以十億計的細胞組成的，每個細胞裏都含有數以千計的基因。有一種名叫 DNA（去氧核糖核酸）的物質，裏面存有所有基因資料，決定我們是長什麼樣子。

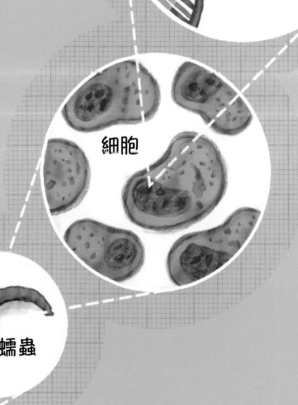

DNA

細胞

蠕蟲

辛西婭發現，只要改變某種蠕蟲的其中一個基因，便能令牠存活的時間變長一倍！她正利用這項發現，研究能否幫助人類活得更長久。」

23

海水悄悄地靠近沙堡壘，將那個生日蛋糕沖散了！
魯賓驚慌地跳了起來。「媽媽，那是你的生日禮物
啊！」他大叫說，「我沒有另一份禮物了！因為我跌破
了最初為你親手造的禮物！」

媽媽伸出雙臂，環抱魯賓。

「別擔心，我的寶貝。無論如何，你今天已送給我最好的生日禮物了——那就是和世界上我最喜歡的人度過一天。」

魯賓想了又想。「這份禮物聽起來真的太好了。」他說，原來我在不知不覺間，已把最好的禮物送給媽媽。

「那就像科學家一樣！」媽媽說。

「科學家總是在尋找一些事物，但往往不知道確實是什麼。科學的重點在於觀察事物，還有做實驗來驗證概念，解釋世界如何運作。那是很偉大的工作呢！」

媽媽向魯賓娓娓道來她最喜歡的科學故事。

亞歷山大．弗萊明（Alexander Fleming）是一位科學家，他意外發現了治療感染疾病的方法。有一次當他度假回來後，發現實驗室裏所有的培養皿都長出了一種綠色的霉菌。

他發現這種霉菌可將細菌殺死。最初他將這種霉菌稱作霉菌汁！不過今天我們都知道那叫青黴素（又稱盤尼西林），它可用於治療不同種類的感染。

「嘩，很精彩啊！我還有一個問題……」魯賓說。

「我如何能像你一樣
成為一位科學家呢？」

樹木有感覺嗎？

我們這個不可思議的世界充滿了
謎題！科學家會透過設計實驗與測試，
盡可能解開最多謎題。

為什麼我們
會做夢？

海底藏有什麼？

外太空是不是空蕩蕩的？

我們能夠停止變老嗎？

你認識一些科學家嗎？你可以向他們請教你觀察到的事物。此外，還有許多方法能找出資料——你可以試試和大人一起上網搜索，或者閱讀書本。

科學家了解我們居住的世界後，便能夠改善我們的日常生活和未來世界。

29

科學家如何找到新發現？

科學家透過調查和實驗去觀察可能發生的事情。試試一起做這個簡單的實驗，製作出隱形墨水吧。記着做實驗前必須徵求大人批准——有些實驗可能會弄得亂七八糟！

將半個檸檬擠出果汁，然後和數滴清水在小碗裏混合起來。

你可以實驗一下需要多少水和檸檬汁的比例，才能製作出最好的隱形墨水。

當你將液體混合後，就可用棉花棒當作筆，將它蘸進檸檬水混合物中，然後在白紙上寫上一段秘密信息。

檸檬汁裏的酸性物質受熱時會變成棕色。
加水會令檸檬汁更難被看見。

要令你的信息顯現出來，只要將隱形
字靠向射燈。在射燈燈光的熱力下，
你的隱形字會變成棕色。

團隊合作是最好的學習和實驗方式！

除了利用檸檬汁外，何不試試
運用廚房裏的其他液體，例如
白醋或牛奶來做隱形墨水？

記着，找出什麼方法行不通，和發現什麼方法行得通，
都對我們的學習有所得着。

出色的科學家能讓世界變得更美好！

　　謹將本書獻給爸爸、索拉雅、夏琳，特別感謝我的媽媽。你們永無窮盡的好奇心是本書的靈感來源。
　　謝謝你們的支持和疼愛。

辛妮・索馬拉

致祖斯──我熱愛科學的最佳拍檔。

納迪婭・薩雷爾

夢想STEAM職業系列

我是未來科學家

作　　者：辛妮‧索馬拉博士（Dr. Shini Somara）

繪　　圖：納迪婭‧薩雷爾（Nadja Sarell）

翻　　譯：羅睿琪

責任編輯：黃楚雨

美術設計：劉麗萍

出　　版：新雅文化事業有限公司

　　　　　香港英皇道499號北角工業大廈18樓

　　　　　電話：(852) 2138 7998

　　　　　傳真：(852) 2597 4003

　　　　　網址：http://www.sunya.com.hk

　　　　　電郵：marketing@sunya.com.hk

發　　行：香港聯合書刊物流有限公司

　　　　　香港荃灣德士古道220-248號荃灣工業中心16樓

　　　　　電話：(852) 2150 2100

　　　　　傳真：(852) 2407 3062

　　　　　電郵：info@suplogistics.com.hk

印　　刷：中華商務彩色印刷有限公司

　　　　　香港新界大埔汀麗路36號

版　　次：二○二一年七月初版

ISBN: 978-962-08-7808-4

Original Title: *A Scientist Like Me*

First published in Great Britain in 2021 by Wren & Rook

Copyright © Hodder & Stoughton Limited, 2021

All rights reserved

Traditional Chinese Edition © 2021 Sun Ya Publications (HK) Ltd.

18/F, North Point Industrial Building, 499 King's Road, Hong Kong

Published in Hong Kong, China

Printed in China